W0175106

Tania Konnerth

Ich gönn' mir eine Atempause

10 Tipps für einen
federleichten Alltag

Tania Konnerth

Ich gönn' mir eine Atempause

10 Tipps für einen federleichten Alltag

KREUZ

Umschlaggestaltung: agentur IDee
Umschlagmotiv: © Thinkstock
Illustrationen: © Fotolia

Innengestaltung und Satz: agentur IDee · agenturidee.de
Herstellung: Těšínská Tiskárna, a.s.

Printed in Czech Republic

ISBN 978-3-451-61378-4

Inhalt

Einleitung

Atempausen für einen federleichten Alltag … – klingt das nicht wundervoll? Wenn Sie das Gefühl haben, das ganze Gewicht der Welt lastet auf Ihren Schultern, oder denken, dass, egal wie viel Sie auch immer tun, Sie niemals fertig werden, dürfte die Aussicht auf etwas mehr Leichtigkeit und Wohlgefühl sehr verlockend sein. Und möglicherweise scheint es Ihnen so, als würden Sie sich zwar um alle anderen, aber niemand sich um Sie kümmern? Dann ist es an der Zeit, dass Sie für sich selbst sorgen und sich etwas Gutes tun.

Ein federleichter Alltag – das hat etwas mit Schweben zu tun, mit Freude und Lust, mit Leichtigkeit und Freiheit. Und tatsächlich geht es für viele von uns darum, sich aus bestehenden Zwängen zu befreien, um wieder mehr zu sich zu kommen, um sich spüren zu können und so überhaupt erst herauszufinden, was wir selbst gerne möchten.

Und deshalb schenken Ihnen die folgenden zehn Tipps die Möglichkeit herauszufinden, was Ihnen ganz persönlich guttut und wie Sie für kleine Inseln in Ihrem Alltag sorgen können, auf denen Sie auftanken dürfen.

Das Gute: Um mal wieder durchatmen zu können, müssen Sie nicht gleich Ihr ganzes Leben ändern. Die zehn Tipps mit den vielen praktischen Übungen, die Sie in diesem Buch finden, ermöglichen Ihnen auf vielfältige Weise, für einen kurzen (oder auch längeren) Moment auszusteigen.

Vielleicht haben Sie schon eine genaue Vorstellung, ob Sie z.B. eher Entspannung brauchen oder Bewegung oder Ruhe oder Abwechslung? Dann werden Sie durch die Kapitelüberschriften recht schnell das Richtige für sich entdecken. Zu jedem der zehn Tipps in diesem Buch finden Sie zahlreiche kleine Übungen und Anleitungen zur praktischen Umsetzung. Probieren Sie möglichst viele davon aus, um zu erfahren, was Ihnen am besten tut. Wenn Sie hingegen sehr unsicher darüber sind, was Ihnen guttun könnte, dann blättern Sie einfach durch das Buch und lassen Sie sich treiben.

Eines steht fest: Wir alle brauchen mehr als nur Luft zum Atmen, wir brauchen Atempausen – reale wie auch im übertragenen Sinne. Kleine Auszeiten, Momente der Ruhe, Zeit, um zu sich zu kommen.

Ihre Tania Konnerth

TIPP 1

Finden Sie
heraus, was Sie
wirklich brauchen

Bereits in der Einleitung sind wir auf eine ganz wesentliche Frage gestoßen: Wissen Sie eigentlich, was Sie brauchen? Wissen Sie, wie es Ihnen wirklich geht und was Ihnen jetzt gerade in diesem Moment guttun würde?

Die meisten Menschen antworten auf die Frage nach ihrem Befinden meist irgendetwas, ohne groß nachzudenken, und erst recht, ohne sich die Zeit zu nehmen, wirklich einmal einen Moment in sich zu spüren. Aber genau das ist nötig: einen Augenblick innezuhalten und in sich hinein zu fühlen. Bin ich gerade müde oder überdreht? Habe ich Hunger oder fühle ich mich überfordert? Bin ich lustig oder tut mir etwas weh? Bin ich fröhlich oder vielleicht traurig? Fehlt mir etwas oder ist mir eher alles zu viel?

Gewöhnen Sie sich an, ein Gespür für das zu bekommen, was in Ihnen ist, was Ihnen guttut und was Sie brauchen. Denn auch die Frage danach, welche Art von Atempause Sie ganz persönlich in diesem Moment in Ihrem Alltag brauchen, können Sie nur dann wirklich beantworten, wenn Sie in

Kontakt mit sich sind. Nicht nur hier in diesem Buch finden Sie zahlreiche Anregungen, mit denen Sie sich etwas Gutes tun können, auch die Zeitschriften sind voll davon, und sicher haben auch Ihre Bekannten und Freunde viele gute Tipps und Ideen. Tatsache ist aber, dass alle noch so guten Vorschläge nur dann sinnvoll sind, wenn Sie wirklich Ihnen und Ihren Bedürfnissen entsprechen.

Viele sind frustriert, weil ihnen z.B. das autogene Training nicht hilft, weil sie bei Meditationen nicht ruhiger, sondern immer hibbeliger werden oder weil sie einfach keine Geduld haben, eine Stunde Yoga zu machen. Und so lassen sie es dann eben sein mit all den Wohlfühltipps, weil die ja eh nichts bringen …

Es ist aber eben nicht so, dass die Tipps schlecht oder sinnlos sind, sie passen vielleicht nur nicht in Ihr Leben oder zu Ihrer speziellen Situation. Wenn Sie etwa innerlich aufgebracht sind, ergibt es keinen Sinn, sich zu zwingen, sich ruhig hinzusetzen und zu entspannen, dann ist es möglicherweise viel sinnvoller, mal richtig Dampf abzulassen. Oder wenn Sie von Ihrer Arbeit gelangweilt sind, brauchen Sie am Ende eines Tages wahrscheinlich weniger ein Entspannungsprogramm als vielmehr neue Impulse. Oder wenn Sie vollkommen über-reizt sind, ist es kaum sinnvoll, sich noch mehr Trubel auszusetzen, sondern dann steht an, erst einmal für einen Moment Ruhe zu sorgen. Nur wenn Sie Tipps und Methoden konsequent auf Ihre Bedürfnisse hin auswählen und auch anpas-sen, werden sie Ihnen wirklich guttun.

Und damit Sie erkennen können, was Sie ganz persönlich brauchen, geht es darum, dass Sie sich selbst zuwenden.

Auf den folgenden Seiten finden Sie dafür einige einfache Anregungen.

Hallo, wie geht es mir?

Oft wissen wir besser Bescheid, wie es den Men-schen um uns herum geht als uns selbst. Gewöh-nen Sie sich deshalb an, sich mehrmals am Tag zu fragen, wie es Ihnen gerade geht. Sie können sich dafür eine kleine Erinnerung in Ihr Handy eintra-gen, oder Sie heften sich ein Post-it an eine Stelle, auf die Sie öfter schauen (z. B. auf den Badezim-merspiegel oder auf eine gut sichtbare Stelle auf Ihrem Schreibtisch).

Nehmen Sie sich dann jeweils einige Momente Zeit, um wirklich in sich zu spüren. Versuchen Sie, nicht zu bewerten, was Sie fühlen, sondern nur aufmerksam wahrzunehmen, was in Ihnen ist. Spüren Sie vielleicht Verspannungen? Merken Sie, dass Sie gereizt oder wütend sind? Kommen Sie womöglich in Kontakt mit einer Sehnsucht in Ihnen, mit etwas, das Ihnen fehlt? Oder merken Sie, dass Sie eigentlich ganz albern gestimmt sind? Nehmen Sie wahr, was genau in diesem Moment in Ihnen ist, und überlegen Sie dann in einem zweiten Schritt, was Ihnen in eben dieser Stimmung guttun würde. Vielleicht haben Sie darauf nicht sofort eine Antwort, aber je bewusster Sie sich Ihrer selbst werden, desto leichter wird es Ihnen auch fallen, für Sie passende Wohlfühlideen zu entwickeln. Das braucht oft einfach nur ein bisschen Übung und eben den Mut, sich mit sich selbst zu befassen.

TIPP: Probieren Sie einmal aus, die Frage schriftlich zu beantworten. Wenn wir schreiben, bekommen wir oft noch einen ganz anderen Zugang zu uns selbst.

Mit den Augen eines Freundes

Manchmal stehen wir einfach ein bisschen zu dicht vor uns selbst, um erkennen zu können, was eigentlich mit uns los ist. Da kann es helfen, sich selbst einmal mit den Augen eines guten Freundes oder einer guten Freundin anzuschauen. Das schafft etwas Abstand und sorgt für einen liebevollen Blick.

Was würde Ihre beste Freundin oder Ihr bester Freund gerade über Sie sagen? Wie würde er oder sie einschätzen, wie es Ihnen geht und was Sie gerade jetzt brauchen?

Alle Gefühle umarmen

Um im Alltag zu funktionieren, blenden wir unerwünschte Gefühle oft schon automatisch aus. Wir müssen ja schließlich funktionieren, nicht wahr? Aber keiner von uns ist immer nur gut drauf und keiner kann ständig 100 Prozent Leistung erbringen.

Lernen Sie, auch die Gefühle in sich wahr- und anzunehmen, die wir im Normalfall eher unterdrücken. Sie sind vielleicht traurig? Dann lassen Sie diese Traurigkeit zu. Sie merken, dass Sie einer Person noch immer grollen? Dann erlauben Sie sich den Groll für ein Weilchen. Ihnen fällt auf, dass Ihnen gerade nur destruktive Gedanken in den Sinn kommen? Dann lassen Sie auch das für ein Weilchen zu. Sogenannte „negative" Gefühle gehen nicht einfach deshalb weg, weil wir sie nicht haben wollen, sondern sie wirken weiter in uns, selbst wenn wir sie mit Nachdruck wegschieben. Sie arbeiten dann gleichsam im Untergrund in uns, ohne dass wir es bewusst merken.

Viel intensiver, bewusster und auch leichter lebt es sich, wenn wir alle Gefühle in uns zulassen und leben. Unsere Melancholie gehört zu uns wie auch unsere Angst oder unser Frust. Wir können nicht immer positiv denken, sondern manchmal sehen wir schwarz. Jeder von uns ist auch mal neidisch oder schlecht gelaunt oder wütend. Die ganze Vielfalt unserer Gefühle gehört zu unserem Leben. Sie teilen uns Wichtiges über uns selbst mit. Je ganzheitlicher wir uns selbst annehmen können, desto freier können wir atmen.

Ein Treffen mit sich selbst

Klingt vielleicht seltsam, kann aber ein tolles Erlebnis werden: Machen Sie doch mal ein Treffen mit sich selbst aus.

Legen Sie dafür einen Termin fest, an dem Sie wirklich Zeit haben, und tragen Sie den rot in Ihren Kalender ein. Überlegen Sie sich für dieses Treffen etwas Besonderes – vielleicht ein Vier-Gänge-Menü in einem guten Restaurant oder einen Theaterbesuch, Karten für eine Ausstellung oder ein Musical. Gehen Sie in den botanischen Garten oder nehmen Sie eine Schnupperstunde in einer Sportart, die Sie nicht kennen. Vielleicht möchten Sie sich auch in einem Spa verwöhnen lassen? Gönnen Sie sich für Ihr Treffen mit sich selbst genau das, worauf Sie richtig viel Lust haben und was Sie sonst eher nicht machen. Und das genießen Sie dann – nur mit sich selbst.

Zeit ist Lebenszeit

Zeit ist kostbar, denn unser Leben ist aus Zeit gemacht. Niemand bekommt Extrazeit geschenkt, aber wir alle haben jeden Tag aufs Neue 24 Stunden zur Verfügung, aus denen wir etwas machen können.

Sich hin und wieder einmal zu fragen, ob wir unsere Zeit eigentlich so nutzen, dass wir zufrieden und satt und glücklich sind, kann uns an schmerzliche Punkte bringen. Aber nur so können wir erkennen, ob uns etwas fehlt, und dafür sorgen, dass unser Leben reicher und nicht ärmer wird. Halten Sie also immer mal wieder in Ihrem Alltag inne, um sich darüber bewusst zu werden, wie Sie Ihre Zeit gerade verbringen und ob Sie es auf eine Art tun, die Ihnen und Ihren Lebensvorstellungen entspricht. Tun Sie, was Sie wirklich tun möchten, oder erfüllen Sie ständig nur die Erwartungen von anderen? Leben Sie Ihr eigenes Leben oder eines, das anderen gefällt? Können Sie sich in dem, was Sie tun, entfalten und frei atmen, oder engt Sie Ihr Leben ein?

Es liegt an uns, etwas aus unserer Zeit zu machen, jeden Moment neu.

TIPP 2

Nehmen Sie sich Zeit zum Durchatmen

Atem ist Leben, denn ohne zu atmen, sterben wir. Es gibt allerdings große Unterschiede in der Qualität unseres Atmens. Atemzüge können schnell und flach sein, und sie können tief und intensiv sein. Sie können Stress spiegeln oder Entspannung. Sie können uns mit dem Nötigsten versorgen oder uns rundum guttun.

Gerade weil das Atmen ganz automatisch geht, machen wir uns kaum Gedanken darüber. Je gehetzter wir aber sind, desto weniger tief atmen wir durch, je gestresster wir sind, desto weniger nährend sind unsere Atemzüge. Hin und wieder ganz bewusste Pausen zum Atmen zu nehmen, bringt uns unserem Körper wieder näher.

Probieren Sie alle der folgenden Übungen aus, um herauszufinden, welche Sie als besonders wohltuend empfinden. Nicht jede Atemübung ist für jeden geeignet, und nicht jede passt in jedem Moment. Je mehr Atemübungen Sie kennen, desto besser können Sie genau die für Sie und die jeweilige Situation hilfreichste auswählen.

Leichtigkeit einsaugen

Setzten Sie sich für einen Moment lang ruhig hin und schließen Sie die Augen. Stellen Sie sich nun vor, wie Sie mit jedem Ausatmen all Ihre Sorgen, Ihre Grübeleien, Ihren Ärger oder was auch immer sich als Gewicht auf Sie legt, entsorgen und loslassen. Und mit jedem Einatmen saugen Sie eine Portion Leichtigkeit in sich auf.

Spüren Sie dazu einmal nach, was Leichtigkeit für Sie bedeutet: Sehen Sie sich vielleicht leichter und leichter werden und emporschweben wie einen Luftballon? Oder verschwinden all die dunklen Farben in Ihnen und werden ersetzt durch helle und strahlende? Können Sie die Leichtigkeit vielleicht in Bewegungen sehen, z.B. in Tanzschritten, oder darin, mit zwei großen Flügeln zu schlagen? Finden Sie ein Bild, mit dem es Ihnen möglichst einfach fällt, Leichtigkeit in sich einzuatmen.

Sich für den Tag öffnen

Eine Atemübung für den Morgen: Nehmen Sie sich für diese Übung einen Moment Zeit, bevor

Sie aufstehen. Sie liegen auf dem Rücken. Mit dem Einatmen ziehen Sie nun ein Bein angewinkelt zu sich und mit dem Ausatmen strecken Sie es wieder aus. Ihr Mund ist beim Ausatmen gespitzt, als würden Sie eine Kerze ausblasen wollen. Legen Sie das Bein locker ab und beginnen Sie mit dem nächsten Einatmen wieder von vorn: das Bein zu sich ziehen und beim Ausatmen wieder ausstrecken. Wechseln Sie nach drei Atemzügen das Bein.

Mit dieser Übung erreichen Sie eine tiefere Atmung. Sie öffnen den Atemraum und weiten den Blick für das, was vor Ihnen liegt.

Ein Lächeln atmen

So können Sie positive Energie tanken: Schließen Sie im Stehen oder im Sitzen Ihre Augen. Denken Sie an etwas Schönes (wie z.B. einen Spaziergang am Strand oder wie Sie in einer Hängematte liegen) und stellen Sie sich dann vor, wie tief im Bauch, gleich unter dem Nabel, ein Lächeln entsteht.

Ganz warm und freundlich lächelt es dort und wird mit jedem Einatmen immer breiter und breiter. Bald lächelt der ganze Bauch, ja, man selbst wird zu einem Lächeln. Und dann strömt das Lächeln hinaus in die Welt.

Sonne schöpfen

Stellen Sie sich mit dem Gesicht zur Sonne, z.B. an ein Fenster, auf den Balkon, auf die Terrasse oder in den Park. Stehen Sie leicht gegrätscht, die Knie sind etwas gebeugt. Öffnen Sie Ihre Arme nun weit, ganz weit, als wollten Sie die Sonne umarmen. Stellen Sie sich vor, wie Sie die Sonnenenergie mit Ihren Armen einfangen und zu sich schöpfen. Ziehen Sie diese Energie Armvoll für Armvoll zu Ihrem Körper und atmen Sie sie tief ein. Während Sie Ihre Arme wieder öffnen, atmen Sie aus, um sich dann erneut mit Sonnenenergie vollzusaugen.

TIPP: Diese Übung geht übrigens auch an Regentagen. Schließen Sie dann die Augen und stellen Sie sich das Strahlen der Sonne vor.

Luftkreislauf

Idealerweise führen Sie diese Atemübung auf einer grünen Wiese, im Garten oder auch auf einer Terrasse oder wenigstens am offenen Fenster durch:

Stellen Sie sich leicht gegrätscht mit leicht gebeugten Knien hin. Verlagern Sie nun zunächst das Gewicht auf den linken Fuß und stellen Sie sich beim nächsten, tiefen Einatmen vor, wie Sie die Luft direkt aus dem Boden durch die linke Fußsohle ziehen. Die Luft strömt dann Ihr Bein empor und die gesamte linke Körperhälfte hinauf bis in den Kopf. Beim Ausatmen strömt die Luft durch die rechte Körperhälfte hinab, bis sie im rechten Fuß ankommt und dort in den Boden fließt (verlagern Sie, wenn Sie es nicht schon automatisch tun, das Gewicht auf den rechten Fuß). Führen Sie diese Übung einige Male so herum durch und wechseln Sie dann die Seiten, beginnen Sie also mit dem Gewicht auf dem rechten Fuß und lassen Sie den Atem von dort nach oben und auf der anderen Seite nach unten in den Boden fließen.

Atemzüge zählen

Ein Klassiker unter den Atemübungen, den Sie stehend, sitzend oder liegend durchführen können: Atmen Sie zunächst für zwei Sekunden ein und für zwei Sekunden aus. Dann atmen Sie für drei Sekunden ein und für drei Sekunden aus. Danach atmen Sie für vier Sekunden ein und für vier Sekunden aus. Steigern Sie die Anzahl der Sekunden nur so weit, wie es für Sie angenehm ist. Es geht nicht darum, einen Längenrekord aufzustellen, sondern es geht um das bewusste, rhythmische Atmen. Wenn Sie nicht weiter steigern wollen, zählen sie wieder herunter bis zwei Sekunden und gehen noch einmal hoch. Beenden Sie die Übung mit den längeren Atemzügen. Mit jedem Übungsdurchlauf können Sie schauen, ob sich die Anzahl der Sekunden steigern lässt, aber bitte ohne jeden Druck.

Atmen Sie bei dieser Übung immer durch die Nase ein und durch den Mund aus. Um die Wirkung zu steigern, können Sie sich vorstellen, dass Sie beim Einatmen einen angenehmen Duft ganz intensiv riechen möchten und Sie diesen Duft durch Ihren ganzen Körper fließen lassen. Wenn Sie Ihre Hand auf Ihren Bauch legen, können Sie

noch etwas tiefer in den Bauch atmen. Beim Ausatmen können Sie sich vorstellen, dass Sie alles,
was Sie belastet, alles, was Sie loswerden möchten,
mit Ihrem Atem ausleiten.

Eine Variante dieser Übung: Zählen Sie für das
Ausatmen immer doppelt so lange wie für das Einatmen.

Links-Rechts-Atmung

Verschließen Sie mit dem Daumen zuerst das
rechte Nasenloch und atmen Sie durch das linke
tief ein. Wechseln Sie dann den Daumen zum
linken Nasenloch und atmen Sie rechts langsam
aus. Atmen Sie auf diese Weise möglichst zehn
bis 20 Minuten und spüren Sie der wohltuenden
Wirkung dieser Übung bewusst nach.

Den Atem befreien

Wenn Sie sich bedrängt fühlen, z.B. in einer
vollen Bahn oder in einer Menschenmenge, können Sie einmal diese Übung ausprobieren:

Spüren Sie in Ihre Fußsohlen (egal, ob Sie stehen oder sitzen), um Ihre Aufmerksamkeit auf sich zu lenken und sich zu erden. Drücken Sie Ihre Zungenspitze sanft gleich hinter die Schneidezähne an den Gaumen, als würden Sie den Buchstaben „L" sagen, und atmen Sie ruhig und langsam durch die Nase ein und aus. Durch die Position der Zunge wird Ihr Atem tiefer fließen, und Sie können sich trotz der Enge mehr entspannen.

Vielfältige Atemluft

Um mal wieder richtig tief durchatmen zu können, brauchen wir möglichst frische Luft – und davon gibt es ganz unterschiedliche Arten: Seeluft, Waldluft, Bergluft – Natur kann so vielfältig sein! Suchen Sie einmal ganz bewusst ganz verschiedene Orte in der Natur aus, um dort bewusst durchzuatmen. Riechen Sie und spüren Sie, wie unterschiedlich das Atmen sein kann.

Und nicht nur Orte, sondern auch Zeiten verändern die Luft: Denken Sie an den Duft von Blüten im Frühling, an gemähte Wiesen im Sommer, an das Laub im Herbst und den Schnee im Winter.

Kommen Sie in
Schwung und finden
Sie neue Energie

Manchmal wird unser Alltag zu einer Zwangs-
jacke. All die vielen Anforderungen halten uns ge-
fangen, und wir haben das Gefühl, uns im Kreis
zu drehen. An ein Durchatmen ist dann gar nicht
mehr zu denken. In diesem Fall kann es guttun,
die Gewichte – zumindest für den Moment – ab-
zuschütteln, und das im wahrsten Sinne des Wor-
tes. Denn das Stichwort ist „Bewegung".

Je gestresster und angespannter wir sind, desto
unbeweglicher sind wir auch oft. Kommen wir
endlich nach Hause, wollen wir am liebsten alle
Viere von uns strecken und gar nichts mehr tun.
Es fühlt sich an, als hätten wir für nichts Kraft,
und wir sind froh, wenn wir einfach unsere Ruhe
haben. Und so verbringen wir Abend für Abend
oder auch das Wochenende auf dem Sofa vor dem
Fernseher.

Sehr oft aber würde uns Bewegung viel besser
tun! Denn der Stress sitzt uns regelrecht im Nacken, und die Verspannung sitzt in den Muskeln.
Denken Sie hier weniger an aufwändige Sportpro-
gramme, da das für die meisten eher abschreckend

als motivierend ist. Machen Sie sich vielmehr klar, dass jeder Körper ein natürliches Bedürfnis hat, sich zu bewegen, und dass wir diesem Bedürfnis oft viel zu wenig nachkommen. Unsere Beine sind zum Laufen gemacht, zum Rennen und zum Springen. Unser Atemsystem muss auch mal richtig etwas zu tun bekommen, damit sich die Lungen vollsaugen können. Und auch die Fettpolster schmelzen, wenn wir uns öfter mal in Schwung bringen.

Sich zu lockern, sich den Stress abzurennen oder wegzutanzen – all das sind Wege zu mehr Leichtigkeit. Probieren Sie es aus! Hier finden Sie verschiedene Bewegungsübungen, die Sie ohne viel Aufwand durchführen können:

Energieschub

Beginnen Sie mit einer kleinen, mentalen Energie-Booster-Übung: Schließen Sie Ihre Augen und stellen Sie sich einen großen Regler vor – vielleicht einen Schieberegler oder einen runden Drehknopf. Mit diesem Regler können Sie Ihre persönliche Energie aufdrehen. Stellen Sie sich das so intensiv wie möglich vor und spüren Sie, wie die Energie in Ihnen wächst und wächst.

Eine andere Variante: Stellen Sie sich vor, Sie hätten in sich einen tiefen Brunnen. Aus diesem Brunnen können Sie pure Energie schöpfen. Trinken Sie ein Glas vom Wasser und spüren Sie, wie erfrischt und energievoll Sie sind.

Energieklopfer

Und gleich noch eine Energie-Booster-Übung, aber diesmal eine körperliche:

Nutzen Sie die Klopfakupressur und aktivieren Sie Ihre Thymusdrüse. Sie liegt etwa fünf Zentimeter unterhalb Ihres Schlüsselbeines in der Mitte des Brustbeines. Klopfen Sie diese Stelle 15 bis 20 Mal sanft mit einer lockeren Faust. Das regt den Energiefluss im Körper an und stärkt das Immunsystem.

Mit Schwung in den Tag starten

So wird jeder wach: Legen Sie noch vor dem Aufstehen eine kleine Bewegungseinheit ein, indem Sie auf dem Rücken liegend den Po mit den Händen abstützen, die Beine in die Luft heben und einige Runden Rad fahren.

Stellen Sie sich dabei einen frischen, grünen Wald, blauen Himmel und Sonnenschein vor und hören Sie im Geiste die Vögel singen. So kommt nicht nur der Kreislauf in Schwung, sondern auch die gute Laune.

Diagonaler Schwung

Stellen Sie sich stabil mit leicht gebeugten Knien und in einer leichten Grätsche hin. Winkeln Sie Ihre Arme an, Ihre Hände halten Sie zu lockeren Fäusten geschlossen vor Ihr Gesicht. Nun öffnen Sie mit dem Einatmen schnell und mit viel Energie Ihre Arme in eine Diagonale: Der rechte Arm weist nach oben, der linke nach unten. Strecken Sie dabei alle fünf Finger der Hand aus, die Handflächen zeigen jeweils von Ihnen weg. Mit dem

Kopf schauen Sie zum erhobenen Arm. Mit dem Ausatmen führen Sie die Hände wieder weich zurück vor Ihr Gesicht, um sie dann mit dem nächsten Einatmen in die andere Diagonale zu öffnen. Wiederholen Sie die Übung 25 Mal für jede Seite.

TIPP: Um die Wirkung zu verstärken, können Sie jeweils noch einen Ausfallschritt in die Richtung des erhobenen Arms machen.

Kräftig kicken

Eine schöne kleine Bewegungsübung, mit der sich auch Aggressionen abbauen lassen: Stellen Sie sich leicht gegrätscht in einem sicheren Stand hin. Halten Sie Ihre Hände zu lockeren Fäusten geschlossen vor Ihr Gesicht. Nun stellen Sie sich vor, dass Sie in einen vor Ihnen hängenden Sandsack treten. Drehen Sie sich mit einem kleinen Sprung etwas seitlich, ziehen Sie Ihr Bein an und kicken Sie kurz und kräftig nach vorne. Kommen Sie wieder zum Stehen und kicken Sie dann mit dem anderen Fuß. Atmen Sie dabei jeweils scharf aus. Wiederholen Sie den Kick 20 bis 25 Mal pro Seite.

Schattenboxen

Wenn Sie merken, dass Sie richtig Dampf ablassen müssen, weil da eine Menge Frust, Wut und Aggressionen in Ihnen sind, probieren Sie einmal das:

Stellen Sie sich mit leicht gegrätschten Beinen und einem stabilen Stand mitten in den Raum oder Garten und gehen Sie wie ein Kickboxer in einen Kampf mit einem imaginären Gegner. Schlagen und treten Sie mit Wucht und Energie und vergessen Sie nicht, auch auszuweichen. Boxen Sie mit ganzer Kraft, bis Sie nicht mehr können, und spüren Sie nach, wie gut es tut, auf diese Weise die negativen Energien loszuwerden.

Achtung: Bitte aufpassen, bei den Schlägen die Arme nie ganz auszustrecken, das schadet den Gelenken.

Ausdruckstanz

Nicht ganz so aggressiv wie das Schattenboxen, aber ähnlich effektiv ist es, sich im Tanz auszudrücken und auf diese Weise das auszuleben, was in einem ist.

Wählen Sie für diese Übung bewusst ein Musikstück aus oder nehmen Sie, was zufällig im Radio läuft. Schließen Sie Ihre Augen und lassen Sie Ihren Körper die Bewegungen finden, die er zu der Musik machen möchte. Denken Sie möglichst nicht darüber nach, wie es aussieht oder wie es sein sollte, sondern lassen Sie sich von Ihrem Körpergefühl und von Ihren Bewegungsbedürfnissen leiten.

Vielleicht hüpfen Sie fröhlich und ausgelassen herum, vielleicht sind Ihre Bewegungen zackig und streng, vielleicht sind es ganz kleine Bewegungen oder weit ausladende. Vielleicht tanzen Sie im Takt, vielleicht auch dagegen an.

Lassen Sie die Musik durch sich und in Bewegungen fließen. Tanzen Sie Ihre Gefühle und Gedanken. Tanzen Sie das, was in Ihnen ist. Dabei darf der ganze Körper mitmachen, Sie müssen nichts unterdrücken, nichts verstecken und sich für nichts schämen.

Wie früher: Seilspringen

Hatten Sie als Kind auch ein Springseil? Dann erinnern Sie sich vielleicht noch, wie viel Spaß es machte, damit zu üben? Auf jeden Fall kann man damit schnell richtig schön aus der Puste kommen.

Heute können Sie das Seilspringen für eine kleine Trainingseinheit zwischendurch nutzen und auch, um das Kind in sich mal wieder zum Zug kommen zu lassen, es wartet nur darauf!

Tierische Power

Haben Sie einen Hund oder hat jemand Ihrer Freunde oder Nachbarn einen? Dann führen Sie den doch mal aus und toben Sie mit ihm über die Wiese. Mit solch einem tierischen Begleiter werden Sie Bewegung ganz neu entdecken:

- Um die Wette rennen
- Ballspiele spielen
- Tauziehen
- An warmen Tagen ins Wasser springen
- Fangen spielen

Der Spaß und die Freude des Tieres bringen eine ganz besondere Energie.

EXTRATIPP: Auch einem Hund aus dem Tierheim können Sie auf diese Weise eine echte Freude machen, was doppelt guttut.

3

Energiedrinks

Hier noch ein paar Ideen für Energieschübe aus dem Glas:

Machen Sie sich ein Bananen-Shake selbst: Einfach eine reife Banane mit Milch zu einem Shake mixen. Die krummen Früchte sorgen für einen sofortigen Energieschub.

Wer es lieber heißer mag, bereitet sich einen Ingwertee zu – Ingwer heizt nicht nur von innen ein, sondern schenkt gesunde Energie.

AUCH GUT: Aufgebrühte Ginsengfasern: Ginseng gilt für die Chinesen als Mittel zur Erhaltung der Lebenskraft.

TIPP 4

Finden Sie Ihren persönlichen Weg zur Entspannung

Wir wissen natürlich alle, dass Entspannung wichtig ist, aber wie viele von uns sorgen im Alltag tatsächlich dafür? Meist nimmt man sich doch genau dafür keine Zeit und pusht sich lieber noch ein bisschen mehr, um alles zu schaffen, was auf der To-do-Liste steht. Die Vorstellung, sich jetzt mal „ganz in Ruhe hinzusetzen, um zu entspannen", erscheint angesichts der drängenden Aufgaben oft wie ein Hohn, und so wird die Entspannung in den nächsten Urlaub verschoben.

Tatsache ist aber: Ohne Entspannung können wir nicht auftanken. Wir brauchen Entspannungspausen, genauso wie wir Schlaf benötigen, um verbrauchte Kräfte zurückzugewinnen. Ohne Entspannung werden wir immer müder und kraftloser. Ohne Entspannung brennen wir langsam, aber sicher aus.

Die gute Nachricht ist: Es gibt viele kleine Übungen zum Entspannen, die nicht aufwändig sind und auch nicht viel Zeit brauchen. Solch punktuelle Entspannung schenkt uns die Möglichkeit, immer mal durchzuatmen und die Batterien kurzfristig etwas aufzuladen. Kleine Entspannungsinseln schenken uns darüber hinaus auch ein Gefühl für den Augenblick, eine kleine Portion Hier und Jetzt.

Wichtig ist, dass Sie für sich herausfinden, wie Sie sich ganz persönlich am besten entspannen können, denn darin sind wir alle verschieden. Was dem einen Ruhe beschert, kann den anderen kribbelig machen. Probieren Sie deshalb am besten ganz verschiedene Übungen aus und spüren Sie nach, welche sich für Sie am besten eignen und vor allem, an welche Übungen Sie am leichtesten denken! Denn: Die besten Übungen nutzen nichts, wenn Sie im Stress nicht daran denken.

Hier einige Anregungen für Sie:

Schnellentspannung für Verspannte

Gerade wenn man sehr unter Stress steht, fällt es nicht leicht, die Muße zu finden für Entspannungsübungen. Und oft verhindert unser verspannter Körper, dass wir wirklich zur Ruhe kommen, je doller wir uns das auch immer vornehmen. Deshalb finden Sie hier zunächst eine sehr hilfreiche Entspannungsmethode für den Körper, die schnell ausgeführt werden kann und dabei höchst wirkungsvoll ist: die progressive Muskelentspannung.

Setzen Sie sich dafür auf einen Stuhl oder legen Sie sich auf eine Matte. Im Notfall können Sie die Übung auch im Stehen durchführen, sollten Sie sich nicht setzen oder hinlegen können, der Entspannungseffekt ist aber im Liegen am größten. Spannen Sie nun für einen Moment lang alle Muskeln im Körper an: Ihre Arme und Beine, Ihren Po und Ihren Bauch, ballen Sie die Fäuste, krallen Sie Ihre Zehen zusammen, ziehen Sie Ihre Schultern hoch, kneifen Sie Ihr Gesicht zusammen, beißen Sie die Zähne aufeinander. Halten Sie diese Spannung für einige Augenblicke, und dann, wenn Sie denken, es geht nicht mehr, spannen Sie noch etwas fester an. Erst dann lassen Sie mit einem wohligen Seufzer alles los.

Nehmen Sie sich den Moment Zeit, um nachzuspüren, wie gut es tut, dass die Anspannung nachlässt. Wenn Sie noch immer Verspannungen fühlen, wiederholen Sie die Übung.

> **TIPP:** Sie können auch gezielt einzelne Körperteile bewusst an- und wieder entspannen.

4 Ganz einfach abwarten und Tee trinken

So können Sie sich immer und überall eine kleine Oase im Alltag erschaffen: Legen Sie eine kurze Teestunde ein. Nicht ohne Grund ist in vielen Kulturen das Teetrinken so beliebt!

Bereiten Sie sich mit Muße eine wohlschmeckende Tasse Tee zu und lassen Sie sich beim Trinken von nichts und niemandem stören. Diese Zeit gehört ganz Ihnen. Idealerweise planen Sie für Ihre Teestunde einen festen Platz und auch eine feste Zeit ein, so können Sie sich schon den ganzen Tag auf das Ritual freuen.

TIPP: Suchen Sie sich in einem guten Teegeschäft dafür besonders leckere Sorten aus. Schnuppern Sie an verschiedenen Kisten und entscheiden Sie sich für einige Sorten, von denen Sie erst nur kleine Probierportionen kaufen, bis Sie genau die Sorte gefunden haben, die Sie immer wieder trinken möchten. Reservieren Sie sich dann diese Sorte für Ihre Entspannungszeiten. Schon der Geruch beim Öffnen der Tüte wird nach und nach zu einem Entspannungsanker werden.

Kerzenmeditation

Ein Klassiker, um zu einer tiefen, inneren Ruhe zu finden.

Suchen Sie sich einen ruhigen Ort, an dem Sie für eine Weile ungestört sein können. Befestigen Sie am besten ein Schild an der Tür, damit niemand einfach hineinkommt. Zünden Sie sich nun eine Kerze an und setzen Sie sich davor. Schauen Sie in die Flamme und atmen Sie ruhig und tief ein und aus. Lassen Sie alle Gedanken, die Ihnen in den Sinn kommen, einfach weiterziehen. Stellen Sie sich vor, wie die aufsteigende Wärme der Flamme Ihre Gedanken hoch hinauf- und weit davonschickt. Lassen Sie sich ganz ein auf das Spiel der Flamme, auf ihre Farben und ihr Licht.

Nichts sonst.

Einfach dahinschmelzen

4

Eine schöne Entspannungsmethode für alle, die gerne mit inneren Bildern arbeiten: Legen Sie sich bequem auf einen Teppich, ein Sofa oder Ihr Bett. Atmen Sie einige Male tief durch und stellen Sie sich vor, dass Sie ein Eiswürfel sind. Hart und kalt liegen Sie auf einem Tisch. Wie fühlt sich das an? Sicher nicht so gut! Aber dann kommt die Sonne hinter den Wolken hervor und es wird warm und wärmer. Spüren Sie die Sonnenstrahlen auf Ihrer Oberfläche und stellen Sie sich vor, wie das Licht auf dem Eis glitzert.

Und dann beginnt der Eiswürfel zu schmelzen. Lassen Sie sich auf das Bild und auf das Gefühl des schmelzenden Eises ein und spüren Sie, wie all Ihre Verspannungen zu Wasser werden.

TIPP: Wenn Ihnen das Bild vom Eiswürfel zu hart ist, können Sie sich auch eine Portion Softeis vorstellen, die sich unter den Sonnenstrahlen in Milch verwandelt.

Den Blick schweifen lassen

Suchen Sie sich für diese Übung einen Ort, der etwas erhöht ist, sodass Sie möglichst weit schauen können. In der Natur kann das ein Hügel sein oder sogar ein Berg, vielleicht auch ein Hochstand oder einfach eine Stelle, an der man über die Felder schauen kann. In der Stadt vielleicht ein hohes Haus, ein Kirchturm oder eine Brücke.

Stellen oder setzen Sie sich für einen Moment ganz bewusst dorthin, öffnen Sie Ihren Blick für die Weite, die vor Ihnen liegt, – und öffnen Sie mit dem Blick auch Ihr Herz. Sie können in Ihrer Vorstellung oder auch real dazu Ihre Arme weit öffnen, als hätten Sie ein Paar Flügel. Schenken Sie Ihrer Seele einen Freiflug. Atmen Sie tief durch und spüren Sie den Raum, die Ferne und die Freiheit dieses Moments.

4

Zum Blatt werden

Entspannung durch Yoga: Knien Sie sich auf eine Matte oder einen weichen Teppich. Beugen Sie sich vor und legen Sie Ihre Stirn vor den Knien auf dem Boden ab. Ihr Po ruht möglichst auf den Fersen, sodass die Wirbelsäule sich rundet und der Körper ganz eingerollt ist. Zwischen den Oberschenkeln lässt sich etwas Platz für den Bauch schaffen. Ihre Arme und Hände ruhen neben dem Körper.

Bleiben Sie für einige Momente in dieser Haltung und atmen Sie ruhig und gleichmäßig weiter. Genießen Sie das Gefühl der geborgenen Entspannung, das uns diese Übung schenkt.

Einfach mal hängen lassen

Manchmal möchte man sich einfach nur hängen lassen. Und warum auch nicht?

Stellen Sie sich aufrecht hin, Ihre Füße stehen parallel hüftbreit auseinander. Nehmen Sie nun

Ihre Arme hoch über den Kopf, um sie dann zusammen mit dem Oberkörper wohlig nach unten fallen zulassen. Die Beine und das Becken geben einen festen Halt, während Ihr Kopf, Ihr Oberkörper und Ihre Arme frei und locker hin- und herpendeln dürfen. Erlauben Sie sich, mit der Bewegung auch innerlich ganz loszulassen und sich tatsächlich richtig hängen zu lassen. Wiederholen Sie das, so oft es Ihnen guttut.

Ins Dunkle schauen

Eine Entspannungsübung vor allem für die Augen, aber auch gut zum kurzfristigen Abschalten: Setzen Sie sich an einen Tisch und stützen Sie die Ellenbogen auf. Ihre Hände legen Sie mit einer hohlen Wölbung über Ihre Augen, sodass möglichst wenig Licht hindurchkommt. Schauen Sie nun in das Dunkle und atmen Sie tief ein und aus. Achten Sie darauf, dass Sie Ihren Kiefer locker lassen, und auch die Zunge soll nicht am Gaumen kleben, sondern entspannt im Mund liegen. Tauchen Sie für einige Minuten in diese kleine, dunkle Höhle.

TIPP 5

Spüren Sie Ihren
Körper und kommen
Sie wieder zu Sinnen

Viele von uns verlieren im Alltag den Kontakt zum eigenen Körper und damit auch zum sinnlichen Erleben. Wir müssen so vieles leisten und fragen uns nur selten, was unsere ständige Einsatzbereitschaft eigentlich mit uns macht. Dadurch wird für viele Menschen der eigene Körper zu einer Art Werkzeug oder Maschine – ähnlich einem Auto oder einer Geschirrspülmaschine. Er hat zu funktionieren, und man macht sich erst Gedanken über ihn, wenn eine Störung auftritt.

Als Störungen im Körper empfinden wir Verspannungen, Schmerzen oder Krankheiten, also alles, was uns daran hindert, weiterzumachen wie bisher. Wenn wir krank werden oder Schmerzen haben, gehen wir zum Arzt und erwarten, dass der alles möglichst schnell wieder richtet. Ein paar Tabletten, eine Spritze oder, wenn es ganz hart kommt, eine Operation, und dann soll der Körper gefälligst wieder funktionieren.

Was aber, wenn all das nicht hilft? Wenn unsere Beschwerden keine medizinisch nachvollziehbaren Ursachen haben oder wenn unser Körper nicht auf das anspricht, was der Arzt uns rät? Was, wenn nach der einen erfolgreich behandelten Krankheit eine andere folgt?

Wir übersehen oft, dass unser Körper uns Signale sendet, also mit uns zu reden versucht. Unsere Verspannungen, unsere Beschwerden und auch unsere Erkrankungen können uns zeigen, dass wir nicht gut für uns sorgen, dass wir über unsere Grenzen gehen und uns überfordern. Aber um das zu erkennen, müssen wir bereit sein, unserem Körper zuzuhören.

Viele von uns betreiben über viele Jahre Raubbau mit ihrem Körper und versagen ihm sogar die Erfüllung der natürlichsten Grundbedürfnisse, wie z.B. ausreichend Schlaf, Bewegung oder eine gesunde Ernährung. Wenn wir dauerhaft die Signale unseres Körpers unterdrücken und missachten, ist es dann ein Wunder, dass er sich irgendwann einen Weg sucht, wie wir ihm wirklich zuhören müssen? Was erwarten wir eigentlich? Krankheiten und Schmerzen sind häufig nur die Quittung für das, was wir getan oder unterlassen haben.

Und mehr noch: Wenn wir den Kontakt zu unserem Körper verlieren, verlieren wir auch sehr viel von unserer sinnlichen Wahrnehmungsfähigkeit. Wann haben Sie z.B. das letzte Mal ganz bewusst etwas gerochen oder geschmeckt? Nehmen Sie die Schönheit der Welt um Sie herum eigentlich noch wahr oder laufen Sie oft wie mit Scheuklappen durch die Gegend? Wissen Sie noch, wie unterschiedlich die Gesänge der Vögel klingen, oder was Musik in Ihnen auslösen kann, wenn Sie ganz bewusst lauschen? Und wissen Sie, wie sich der Wind auf Ihrer Haut anfühlt oder wie gut eine liebevolle Massage tut?

Unsere Sinne haben auch viel mit Sinnlichkeit zu tun, und genau die geht im Alltag leider allzu oft verloren. Aber wir alle sehnen uns nach Zärtlichkeit, nach Streicheleinheiten, nach Nähe und nach Leidenschaft und Sex.

Atempausen im Alltag sollten Ihnen auch Raum schenken für intensive Körperwahrnehmungen und sinnliches Vergnügen, damit Sie immer wieder bei sich selbst ankommen können und Ihren Körper nicht nur benutzen, sondern ihn bewusst erleben.

Eine Reise durch den Körper

Begeben Sie sich einmal auf eine höchst spannende Reise: Sorgen Sie für eine Viertelstunde Ungestörtheit und machen Sie es sich bequem. Sie können liegen oder sitzen. Schließen Sie die Augen und atmen Sie einige Male tief durch.

Nun richten Sie Ihre Aufmerksamkeit zunächst auf Ihre Füße. Nehmen Sie wahr, wie sich die Zehen anfühlen und wie die Fersen, wie die Fußsohlen und wie die Fußgelenke. Fühlen Sie nach, ob es einen Unterschied zwischen dem rechten und dem linken Fuß gibt. Ist einer vielleicht kühler, der andere wärmer? Verkrampfen sich vielleicht die Zehen oder fühlen sich die Füße locker an? Versuchen Sie, nichts zu bewerten, sondern nehmen Sie einfach nur offen und neugierig wahr, wie es sich anfühlt.

Reisen Sie nun mit genau dieser Offenheit und ebenso gründlich durch Ihren gesamten Körper: also die Beine empor bis zum Gesäß, ins Becken hinein, durch den Bauchraum und Brustkorb, zu den Schultern und die Arme entlang bis in die Fingerspitzen. Dann fühlen Sie in Ihren Hals hinein, nehmen Sie Ihre Kehle wahr, den Mund- und Kieferbereich, das Gesicht, die Ohren und Augen und bis hinauf zur Schädeldecke.

Und als kleines Extra können Sie jeden Teil von sich freundlich begrüßen und ihm eine Portion Selbstliebe schenken.

Spielen Sie Katze

5

Probieren Sie diese ganz einfache Wohlfühlübung aus: Machen Sie es wie die Katzen, denn sie sind echte Wohlfühlexperten. Schon allein ihnen zuzuschauen schenkt einem viele Ideen, wie man sich etwas Gutes tun kann, z.B. sich ausgiebig zu räkeln. Strecken Sie Ihre Arme und Beine weit aus und räkeln Sie sich intensiv. Machen Sie einen Buckel und strecken und dehnen sich in alle Richtungen. Das können Sie im Sitzen oder im Stehen oder auch im Liegen machen, immer da, wo Sie sich gerade etwas Gutes tun wollen. Spüren Sie dem guten Gefühl bewusst nach.

Gähnen ist bei dieser Übung ausdrücklich erlaubt und erwünscht. Sie können das Gähnen auch selbst auslösen, indem Sie einfach mit der Zunge mehrmals über den Gaumen streicheln, damit gähnt es sich garantiert.

Zum Halbmond werden

Probieren Sie einmal diese wohltuende Dehnungsübung für die Körperseiten aus: Legen Sie sich auf einer Matte oder einem weichen Teppich auf den Rücken. Die Arme ruhen neben Ihrem Körper. Schieben Sie nun das rechte Bein zur Seite und lassen Sie das linke folgen, die Beine dabei nicht anheben, sondern auf dem Boden liegen lassen. Versuchen Sie, sanft und behutsam beide Beine noch etwas mehr zur Seite zu schieben.

Dann lassen Sie Ihre rechte Hand langsam seitlich von der Hüfte am Bein entlang Richtung Knie wandern. Lassen Sie zu, dass Ihr Oberkörper und Ihre Schultern folgen, sodass Ihr Körper einen Halbmond bildet und die linke Körperhälfte gedehnt wird. Zur Verstärkung können Sie noch den linken Arm am Boden liegend bis weit über den

Kopf führen und mit jedem Einatmen die Dehnung noch ein bisschen verstärken. Bei jedem Ausatmen darf die Anspannung wieder etwas nachlassen und Ihr Körper weicher werden.

Lösen Sie die Übung nach einigen Atemzügen behutsam auf und wiederholen Sie die Dehnung auf der anderen Seite. Spüren Sie zum Abschluss nach, wie sich Ihr Körper nach der Übung anfühlt.

Diagonales Dehnen

Und noch eine Dehnübung: Legen Sie sich wieder auf eine Matte oder einen weichen Teppich auf den Rücken. Strecken Sie Ihre Arme weit zur Seite aus. Winkeln Sie nun Ihre Beine an und stellen Sie Ihre Füße auf den Boden auf.

Nun lassen Sie Ihre Knie langsam gemeinsam zuerst nach rechts fallen. Drehen Sie Ihren Kopf dabei nach links. Atmen Sie tief und ruhig in die Dehnung.

Führen Sie die Knie nach einigen Atemzügen wieder hoch und stellen Sie Ihre Beine erneut auf. Achten Sie darauf, dabei kein Hohlkreuz zu machen, auch der untere Rücken soll auf dem Boden bleiben. Nun lassen Sie Ihre Beine zur linken Seite fallen und drehen den Kopf nach rechts. Atmen Sie auch hier wieder tief ein und aus.

Wiederholen Sie den Ablauf mehrere Male und finden Sie Ihren eigenen Rhythmus für den Wechsel der Seiten.

Badewonnen

Hier einige Ideen für Wohlfühlbäder, mit denen Sie Ihrem Körper etwas Gutes tun und Ihrer Seele eine kleine Auszeit geben können:

Zwei Liter Milch zu einem Vollbad gegeben und einige Löffel Honig – so entsteht ein ganz natürlicher Hautschmeichler und ein Verwöhngenuss, der nicht viel kostet.

Im Sommer können Sie frische Rosenblätter sammeln und diese ins Badewasser streuen.

Oder geben Sie eine große Portion Meeressalz ins Wasser und nehmen Sie den Auftrieb wahr – plötzlich wird man leicht, ganz leicht.

Wohlfühlmassagen

Leider warten die meisten von uns, bis sie erst richtig verspannt sind, bevor sie sich mal eine Massage gönnen. Dann aber wird das Massieren oft erst zur Qual. Gönnen Sie sich das lieber öfter mal zwischendurch: wohlig durchgeknetet zu werden oder sanft mit Öl gestreichelt – vom Partner oder einem Profi.

Alternativ können Sie sich mit einer Massage auch selbst mal etwas Gutes tun, z.B. durch eine Fußmassage nach einem langen Tag. Besorgen Sie sich dafür ein besonders gut duftendes Massageöl, machen Sie sich schöne Musik an und genießen Sie die Berührungen.

Stimulation für die Füße

Das ist nicht nur eine echte Wohltat für unsere ständig in Schuhe eingezwängten Füße, sondern auch ein kleiner Energieschub: mal wieder barfuß gehen. Und das nicht nur auf weichem Rasen, sondern auch auf anderen Böden, wie z.B. Stein, Waldboden, Kiesel usw. Nehmen Sie dabei ganz bewusst die unterschiedlichen Reize wahr. Durch das Barfußlaufen werden wichtige Energiepunkte stimuliert – eine einfachere Art der Fußmassage kann es nicht geben.

Alternativ eine Schüssel oder ein Tablett z.B. mit Kieselsteinen füllen oder mit grobem Sand und die Füße damit spielen lassen.

Teleskophals

Eine sehr wohltuende Übung für eine verspannte Nacken-Schulter-Partie: Setzen Sie sich aufrecht auf einen Stuhl und richten Sie sich möglichst gerade auf, ohne zu verkrampfen. Ziehen Sie Ihre Schultern mit dem nächsten Einatmen einmal ganz hoch, bis zu den Ohren. Führen Sie diese Anspannung möglichst langsam und sanft aus, also nicht verkrampfen. Halten Sie die sanfte Spannung einen Moment und senken Sie mit dem Ausatmen dann ganz langsam und behutsam die Schultern wieder.

Stellen Sie sich bei der Bewegung vor, dass Ihr Hals sich wie ein Teleskop auseinander- und wieder zusammenzieht – mit jedem Mal geht es etwas leichter und fließender, als würde er auf wundersame Weise geölt werden.

Den unteren Rücken dehnen

Legen Sie sich auf eine Matte oder einen weichen Teppich auf den Rücken und atmen Sie einige Male tief ein und aus. Nehmen Sie wahr, wie Ihr Körper auf dem Boden ruht und wie er von ihm er getragen wird. Kommen Sie für diesen Moment ganz an in dieser Haltung.

Nun winkeln Sie das rechte Bein an und greifen Ihr Knie mit den Händen. Ziehen Sie Ihr Bein nun ganz behutsam und sanft in Richtung Ihrer linken Brust. Es geht nicht darum, das Bein besonders weit zu ziehen, sondern es soll sich gut anfühlen für Sie. Spüren Sie die Dehnung im unteren Rücken und atmen Sie bewusst in dieses Gefühl.

Legen Sie nach einigen Atemzügen Ihr Bein wieder ab und wiederholen Sie den Ablauf mit dem linken Bein. Spüren und atmen Sie auch hier ganz bewusst in die Dehnung.

5

Geist und Herz öffnen

Eine Übung aus dem Yoga: Knien Sie auf einer Matte oder einem weichen Teppich. Ihre Füße und Schienenbeine bleiben am Boden, die Oberschenkel, den Bauch und Ihren Oberkörper richten Sie hoch auf. Ihre Zehen stellen Sie auf, sodass nicht mehr der Spann aufliegt, sondern die Zehen Halt am Boden finden.

Nun ergreifen Sie mit Ihren beiden Händen seitlich den jeweils entsprechenden Fußknöchel und finden Sie so einen sanften Halt. Legen Sie den Kopf in den Nacken und wölben Sie den Oberkörper nun behutsam auf. Öffnen Sie dabei in der Vorstellung Ihren Geist und Ihre Seele.

In Düften schwelgen

Unser Geruchssinn ist sehr empfänglich für Wohlfühlmaßnahmen, denn was wir riechen, wirkt sich auch auf unser Empfinden aus. Wir können mit bestimmten Düften sogar gezielt Erinnerungen oder Gefühle auslösen.

Mit dem Duft der Bergamotte oder mit Salbeiöl

können wir unsere Stimmung aufhellen. Sandelholz beruhigt, Zitrone erfrischt, und Orange vertreibt depressive Verstimmungen und stärkt die Nerven. Ylang-Ylang, Lilien und Rosen wird eine erotisierende Wirkung nachgesagt. Lavendel löst seelische Blockaden und vertreibt trübe Gedanken.

Seien Sie hier bitte nicht geizig, sondern kaufen Sie immer nur hochwertige ätherische Öle, denn die Wirkung entfaltet sich nur bei reiner Qualität.

Blind genießen

5

Verschaffen Sie sich selbst ein besonderes Geschmackserlebnis: Bereiten Sie sich einen bunten Teller voller Köstlichkeiten zu, wie z.B. verschiedene Beeren oder kleine Häppchen mit leckerem Käse oder auch ausgewählte Pralinen. Damit machen Sie es sich bequem. Schließen Sie nun die Augen und greifen Sie blind nach den Köstlichkeiten. Nicht hinschauen, nur schmecken.

TIPP: Diese kleine Übung kann man auch prima mit einem Partner oder einer Freundin machen: dem anderen die Augen verbinden

und ihn dann mit Leckereien füttern. Das
Erlebnis ist nämlich noch intensiver, wenn
man nicht weiß, was man zu essen bekommt.

Raum und Zeit
für Sinnlichkeit

Ein stressiger Alltag ist Gift für die Sinnlichkeit.
Sorgen Sie deshalb idealerweise auch in der
Woche, in jedem Fall aber am Wochenende ganz
bewusst für sinnliche Inseln mit Ihrem Partner
oder Ihrer Partnerin.

Richten Sie Ihr Schlafzimmer so ein, wie es
Ihnen beiden richtig gut gefällt, und zwar mit dem
Blick auf sinnliche Erlebnisse. Also bitte keine Wä-
scheständer, Bügelbretter oder Schmutzwäsche-
haufen, sondern unterschiedliche Beleuchtung,
anregende Bilder, passend positionierte Spiegel.
Legen Sie auch erotische Literatur und anregende
Musik bereit, damit Sie damit für eine entspre-
chende Stimmung sorgen können. Das Schlafzimmer soll neben dem Nachtschlaf vor allem auch

5

verheißungsvoll zu sinnlichen Verwöhnstunden einladen.

Besorgen Sie sich Bücher über erotische Massagen und wohltuende Massageöle, mit denen Sie sich gegenseitig verwöhnen können.

Erforschen Sie einander immer wieder neu. Probieren Sie beispielsweise ganz unterschiedliche Arten aus, sich gegenseitig zu streichen und anzufassen, und teilen Sie einander mit, was Sie fühlen. Nehmen Sie auch wahr, dass Sie an einem Tag vielleicht ganz anders empfinden als am nächsten.

5

TIPP: Vereinbaren Sie in sehr stressigen Zeiten gezielt sinnliche Stunden als wichtigen Termin im Kalender, damit diese nicht immer hinten herunterfallen.

TIPP 6

Weniger ist mehr: Reduzieren befreit!

Wir leben in einer lauten und fordernden Welt. Zahlreiche Reize umgeben uns, wie Geräusche, Bilderfluten, Farben, Formen, Lichter, Signaltöne und vieles, vieles mehr.

Früher konnte jeder Reiz eine Lebensbedrohung darstellen, ein Knacken im Gebüsch konnte z.B. von einem Raubtier stammen, die Schritte zu einem feindlichen Stammesmitglied gehören oder das Grollen ein Unwetter ankündigen, vor dem es sich zu schützen galt. Deshalb reagieren wir, oft ohne es zu merken, auf viele Reize noch heute mit erhöhter Aufmerksamkeit. Natürlich rennen wir nicht bei jedem Geräusch sofort davon oder gehen in Kampfbereitschaft, wenn ein anderer sich uns nähert, aber unbewusst sind wir viel öfter in einer Habachtstellung, als wir ahnen. Heutzutage spricht man in diesem Zusammenhang von Stress.

Unsere Aufmerksamkeit wird aber nicht nur von den Reizen um uns gefordert, sondern auch von anderen Menschen, von unseren Aufgaben und Verantwortlichkeiten und von einer Fülle von technischen Geräten und den digitalen Medien.

Wir wollen und sollen für all unsere Lieben da sein, für Freunde, Bekannte und Nachbarn. Wenn wir arbeiten, dann wollen auch unsere Kollegen etwas von uns, unser Chef sowieso, und natürlich spielen auch unsere eigenen Ansprüche eine große Rolle. In unserer Freizeit sollen wir den neuesten Trends folgen und alle möglichen, angeblich so unentbehrlichen Dinge kaufen. Darüber hinaus sind wir Medienmenschen – wir wollen nichts verpassen, alles mitbekommen, auf alles reagieren, und zwar am besten immer sofort. Die ständige Erreichbarkeit und damit auch Verfügbarkeit erhöht, ohne dass wir uns immer darüber bewusst sind, unseren Stress.

All das zusammengenommen lässt kaum wundern, warum wir oft nicht mehr wissen, wo uns der Kopf steht, denn alles ist zu viel: zu viel zu sehen, zu viel zu hören, zu viel zu tun, zu viel zu erreichen, zu viele Möglichkeiten, zu viel zu reagieren, zu viel zu haben – kurz und gut: zu viel Außen.

Atempausen können wir oft schon allein dadurch schaffen, dass wir unser Leben etwas entrümpeln und uns all den vielen Reizen hin und wieder entziehen.

Hier finden Sie dafür eine Reihe von Anregungen.

1 x täglich 5 Minuten Nichts

So schaffen Sie sich eine kleine Insel im stressigen Alltag: einmal pro Tag fünf Minuten nichts tun.

Stellen Sie sich einen Timer auf fünf Minuten und setzen Sie sich für diese Zeit hin – und tun Sie nichts. Lassen Sie Ihre Gedanken ziehen wie Wolken. Atmen Sie und seien Sie. Sonst nichts.

Diese Übung klingt einfach, hat es aber in sich, denn fünf Minuten können ziemlich lang werden. Nach und nach wird es Ihnen aber immer leichter fallen, und so können diese täglichen fünf Minuten zu einer echten Aufladestation werden.

Handy- und PC-Diät

Die größten Aufmerksamkeitsmagneten sind für die meisten von uns heute die digitalen Medien und unsere Handys. So nützlich und hilfreich sie

6

sind, so können sie uns regelrecht beherrschen. Hier gibt es viel Potenzial für Atempausen!

Erlauben Sie sich, auch mal nicht erreichbar zu sein – Sie werden sehen, die Welt geht nicht unter, wenn Sie das Handy mal für ein, zwei Stunden ausstellen und auch Ihre Nachrichten nicht checken. Und auch das Internet wird noch da sein, wenn Sie den Rechner mal einen Nachmittag lang auslassen. Wenn Ihnen das unmöglich erscheint, dann beginnen Sie mit einer Viertelstunde und tasten Sie sich langsam an eine Steigerung der Medien-Auszeit heran.

Nutzen Sie die gewonnene Zeit für Dinge, die Ihnen guttun, wie z.B. Atem- oder Körperübungen, einen schönen Spaziergang oder reale Treffen mit Menschen, in denen Sie echte Nähe spüren können. Vielleicht merken Sie so erst, wie stark Sie sich von den Medien einspannen lassen.

Sendepause

Sich nach einem anstrengenden Tag einfach vor den Fernseher zu setzen, ist verlockend, aber nicht immer die beste Wahl, um sich zu entspannen. Lassen Sie hin und wieder die Kiste aus und nutzen Sie die gewonnene Zeit, um einige der Anregungen aus diesem Buch umzusetzen oder ein bisschen Yoga zu machen oder joggen zu gehen. Sie werden sicher schnell merken, dass Sie sich damit viel Gutes tun. Und keine Sorge, dass Sie etwas versäumen, morgen gibt es ein neues Fernsehprogramm.

Stille Stunden

Suchen Sie Stille, um sich selbst hören zu können.

Diese Übungen können Sie allein, aber mit der richtigen Person auch zu zweit durchführen: Es geht darum, einfach einmal still zu sein. Also nicht zu reden, keine Hintergrundmusik spielen zu lassen und möglichst alles abzustellen, was ablenkt.

Sitzen Sie – allein oder zu zweit – für ein Weilchen auf dem Sofa und lauschen Sie in die Stille.

Machen Sie einen Spaziergang in Stille, also auch hier nicht reden, sondern nur horchen, welche Geräusche die Natur macht.

Nehmen Sie eine Mahlzeit in Stille ein – widmen Sie sich ganz dem Genuss der Speisen.

6

Malen Sie allein oder gemeinsam mit anderen ein Bild, ganz ohne zu sprechen – lassen Sie nur die Farben sich ausdrücken.

TIPP: Denken Sie sich selbst noch Tätigkeiten aus, die Sie ganz bewusst ohne zu reden oder andere Hintergrundgeräusche ausführen wollen.

Sich einfach mal selbst in Ruhe lassen

6

Viele von uns nörgeln ständig an sich selbst herum: Ich sollte endlich … Ich müsste mal … Auf meiner To-do-Liste steht noch … Wenn ich damit fertig bin, kann ich gleich … – Wie soll man da überhaupt noch frei atmen können?

Sich einfach selbst in Frieden zu lassen, heißt aufzuhören, sich ständig anzutreiben oder immerzu an sich herumzunörgeln. Eine Atempause in Sachen Selbstansprüche kann unendlich wohltuend sein, und manchmal merkt man erst dann, wie schlecht man eigentlich mit sich selbst umgeht.

Werden Sie sich deshalb einmal bewusst, wie Sie mit sich selbst reden, und durchbrechen Sie die ständigen Selbstbeschimpfungen.

Lauter gute Gedanken

Zum Aufschreiben und sich selbst immer wieder sagen:

- Ich darf sein, wie ich bin.
- Ich darf auch mal nichts tun.
- Ich darf eine Pause machen.
- Ich darf auch mal was liegen lassen.
- Ich darf auch mal nicht perfekt sein.
- Ich darf auch mal Nein sagen.
- Ich darf für mich sorgen.
- Ich darf mir etwas Gutes tun.
- Ich darf mir Leichtigkeit erlauben.
- Ich darf mir Freiräume schaffen.
- Ich darf …

Sich mal richtig Zeit lassen

Der Alltag von vielen von uns ist vor allem durch eines geprägt: Zeitstress. Zu viel zu tun in zu wenig Zeit, und so versucht man, alles immer noch und noch schneller zu erledigen.

Durchatmen kann heißen, auch mal wieder etwas mit Muße zu tun. Also mal alle Uhren aus dem Blickfeld verbannen und das eigene, ganz persönliche Tempo finden, um z.B. Unkraut zu jäten, die Wohnung aufzuräumen oder einzukaufen.

Sich nicht hetzen lassen und den inneren Antreiber mal stumm stellen. Jeden Augenblick bewusst tun und genießen, ohne schon daran zu denken, was danach noch alles zu tun ist. Für diesen Moment ganz im Hier und Jetzt sein und eben nur abzuwaschen und nichts anderes oder nur den Rasen zu mähen und nichts sonst.

Ausmüllen – real und im übertragenen Sinn

Um durchatmen zu können, brauchen wir nicht nur Luft, sondern auch Raum. Zu viel um uns herum kann uns so bedrängen, dass das Atmen schwerfällt, real, aber auch im übertragenen Sinn.

Gehen Sie deshalb einmal durch Ihr Leben und entrümpeln Sie gründlich: Sortieren Sie Dinge aus, die Sie nicht mehr brauchen oder die Sie noch nie benutzt haben und sehr wahrscheinlich nicht benutzen werden. Alles, was wir horten, fordert uns, und so kann es auf eine gute Art befreien, ungenutzte Dinge zu verschenken oder zu verkaufen.

Überprüfen Sie Ihre Verpflichtungen, Aufgaben und Hobbys daraufhin, ob Sie diese wirklich weiterverfolgen wollen. Wir sagen oft vorschnell Ja und verstricken uns so immer mehr in Anforderungen. Das kann einem tatsächlich den Atem rauben. Auch mal was abzulehnen, ist ein wichtiger Schritt, um in Zukunft besser durchatmen zu können.

Schauen Sie auch einmal auf die Ziele, die Sie sich vorgenommen haben: Wollen Sie das wirklich

6

alles erreichen oder verfolgen Sie vielleicht noch Ziele, die Ihnen eigentlich gar nicht mehr wichtig sind oder die Sie für jemand anderen erreichen wollen? Ziele loszulassen, kann sehr viel Freiraum schaffen.

Lernen Sie ein Zauberwort

Für ein zu volles Leben gibt es ein Zauberwort und das heißt „Nein".

Erlauben Sie sich, Einladungen oder Angebote abzulehnen, nicht jeder Bitte nachzukommen, nicht ständig Angst zu haben, etwas zu verpassen oder zu versäumen. Wählen Sie Aktivitäten lieber mit Bedacht und ganz bewusst aus, denn die eigene Zeit ist kostbar.

Sie müssen nicht alles mitmachen, und Sie müssen nicht alles erreichen. Sie müssen nicht alles mitbekommen, und Sie müssen nicht alles kaufen oder ausprobieren. Achten Sie immer öfter auf Qualität statt auf Quantität.

6

Hilfe suchen und annehmen

Oft glauben wir, alles allein machen zu müssen, selbst dann, wenn uns eh schon alles zu viel ist. Aber warum sollten wir nicht eigentlich viel öfter mal Hilfe annehmen? So, wie wir auch einen Klempner rufen, wenn unsere Wasserleitung verstopft ist, so können wir den Rat und die Hilfe von anderen annehmen, wenn wir nicht weiterwissen oder uns alles zu viel wird, oder uns auch tatkräftige Hilfe suchen und einige Arbeiten von anderen erledigen lassen. Ja, das kostet natürlich Geld, schenkt uns dafür aber Zeit und Kraft – und das ist oft ein ganz gutes Geschäft, weil es uns wieder frei durchatmen lässt.

6

TIPP 7

Nutzen Sie mentale Auszeiten

Haben Sie manchmal den Wunsch, sich aus Ihrem Alltag gleichsam wegzubeamen, um irgendwo an einem schönen Ort ein bisschen aufzutanken? Aber Sie haben keine Möglichkeit, wirklich wegzufahren, weil Sie fest im Alltag eingespannt sind? Dann können mentale Auszeiten genau das Richtige für Sie sein.

Vielen von uns ist gar nicht bewusst, dass wir in unserer Vorstellungen jederzeit überall hinreisen können. Natürlich ist eine mentale Reise nicht vergleichbar mit einer realen, aber auf den Flügeln unserer Vorstellungskraft zu reisen hält viele Geschenke für uns bereit.

Tatsächlich ist unsere Vorstellungskraft für viele eine nur wenig oder gar nicht genutzte Ressource. Es ist wirklich erstaunlich, was Bilder im Kopf alles auslösen und bewirken können und wie vielfältig wir damit unser Wohlgefühl steigern können.

Glauben Sie nicht? Probieren Sie es doch einfach mal aus!

7

Ein jederzeit erreichbarer Rückzugsort

Wäre es nicht wundervoll, einen Ort zu haben, an den wir uns jederzeit zurückziehen können, um Kräfte zu sammeln, abzuschalten oder einfach nur zur Ruhe zu kommen?

Ein genau solcher Ort lässt sich einrichten, und zwar in unserer Vorstellung. Wir können uns einen idealen Ort ausmalen, an dem es alles gibt, was wir brauchen, um uns glücklich und geborgen zu fühlen. Palmen und Strand oder lieber eine einsame Berghütte? Eine Zimmer mit Ausblick auf eine Piazza in Rom oder lieber ein Häuschen am See? Vielleicht auch ein Bett in den Wolken oder ein Baumhaus im Dschungel? In unserer Phantasie ist alles möglich.

Malen Sie sich Ihren Traum-Rückzugsort in allen Farben und Facetten aus. Sie brauchen dann nur daran zu denken – und schon Sie sind dort.

Heilende Lichtmeditation

Suchen Sie sich eine bequeme Lage im Liegen oder Sitzen und schließen Sie die Augen. Atmen Sie einige Male tief durch. Stellen Sie sich dann vor, wie heilendes Licht durch Ihren Körper strömt. Es tritt durch den Kopf ein und breitet sich dann im ganzen Körper aus, durchfließt jede einzelne Zelle.

Blaues Licht wirkt kühlend, rotes wärmend. Grün steht für Heilung und Gesundheit. Gelb und Orange schenken Energie. Weißes Licht desinfiziert und bekämpft Viren.

Es kann auch ein bunter Regenbogen durch Ihren Körper fließen, der jedes Organ, jedes Körperteil und jede Zelle mit allem versorgt, was gebraucht wird.

7

Wohltuender Wortregen

Suchen Sie sich einen ruhigen Platz, an dem Sie für ein Weilchen ungestört sein können. Setzen Sie sich bequem hin, schließen Sie die Augen und stellen Sie sich dann Folgendes vor:

Es regnet Wörter – und zwar nur schöne und wohltuende Wörter. Wie ein warmer, leichter Landregen fließen diese Wörter auf Sie herab: „Ruhe, „Entspannung", „Frieden", „Liebe" und „Gelassenheit". Oder es ist ein lustig tröpfelnder Regen aus „Lachen", „Fröhlichkeit", „Kichern" und „Gute Laune". Oder Sie erleben einen ganz feinen Sprühregen aus den Wörtern „Kraft", „Energie" und „Frische".

Das Tolle daran: In Ihrer Vorstellung können Sie immer genau die für Sie in diesem Moment passenden Wörter regnen lassen.

Schildkrötenmeditation

7

Manchmal ist einem alles zu viel, und man wünscht sich einen Schutzpanzer. Warum sich nicht genau das einmal vorstellen?

Schließen Sie Ihre Augen und werden Sie in Ihrer Phantasie zu einer riesigen Schildkröte mit einem mächtigen Panzer. Durch diesen Panzer dringt nichts hindurch, er schützt Sie gegen alles und jeden.

Ziehen Sie für einige wohltuende Momente einfach den Kopf ein und gehen Sie in sich, um dort

Ruhe zu finden, Kraft zu tanken oder überhaupt erst einmal wieder einen klaren Gedanken fassen zu können. Niemand kann dort zu Ihnen dringen, dieser Ort gehört nur Ihnen.

Fliegen wie ein Vogel

Eine kleine Flucht für zwischendurch: einfach auf- und davonfliegen.

Egal, ob im Büro, zu Hause oder auf einer Bahnfahrt – schließen Sie die Augen und stellen Sie sich vor, Sie wären ein Vogel. Vielleicht ein Adler mit mächtigen Schwingen oder eine flinke Schwalbe, die ihre Akrobatik am Himmel zeigt. Vielleicht sind Sie auch eine Taube, die zuverlässig ihren Weg findet, oder eine Möwe, die in der Gischt der Wellen spielt.

Stellen Sie sich die Welt von oben vor, wie sie unter Ihnen klein wie Spielzeug aussieht. Schrauben Sie sich in Ihrer Vorstellung höher und höher und schießen Sie dann im Steilflug zur Erde oder lassen Sie sich minutenlang von der Thermik tragen.

Und dann kommen Sie wieder zurück, den Wind noch im Haar.

7

Auf einem magischen Teppich reisen

Und noch eine mentale Reise, die Sie weit fort-führen kann: Schließen Sie die Augen und denken Sie an einen magischen Teppich. Es ist ein Teppich, der direkt aus dem Märchenbuch zu Ihnen kommt und darauf wartet, dass Sie aufsteigen. Schauen Sie ihn sich genau an: Er ist bunt gewebt und schillert im Licht.

So wie Sie sich auf ihn setzen, geht es los – rasant fliegt er mit Ihnen durch Raum und Zeit und durchbricht alle Grenzen. Wo Sie wohl ankommen werden? Wie sieht es dort aus? Was werden Sie dort erleben? Was nehmen Sie von dort mit zurück in Ihren Alltag?

Tanz um das Feuer

Eine Energieübung: Machen Sie es sich wieder bequem und schließen Sie Ihre Augen. Stellen Sie sich nun einen riesigen Holzhaufen vor, der mit einer großen Fackel entzündet wird. Um ihn herum stehen Menschen, und als plötzlich Musik einsetzt, beginnen sie alle zu tanzen. Sie fassen einander an den Händen und tanzen rhythmisch und immer schneller um das Feuer herum. Werden Sie selbst zu einem Teil dieser Menschen und tanzen Sie um das Feuer. Spüren Sie die Kraft, die von ihm ausgeht, und seine Wärme. Nehmen Sie die Energie, die von dem Feuer ausgeht, mit zurück in Ihren Alltag.

Power-Rot

Gegen Müdigkeit hilft es, sich die Farbe Rot vorzustellen.

Schließen Sie wieder für einen Moment Ihre Augen und denken Sie an ein kräftiges, tiefes und sattes Rot. Stellen Sie sich die Blätter einer Mohnblume vor, eine rote Rose oder auch den Stoff eines glänzenden, aufregend geschnittenen roten Kleides.

Je intensiver Sie das Rot in Ihrem Geiste sehen und sich auf die Farbe einlassen, desto stärker wird Sie das Rot beleben und energetisieren.

7

Ins Blau tauchen

Die Farbe Blau wirkt kühlend und kann uns beruhigen, wenn wir uns innerlich überhitzt fühlen.

Schließen Sie die Augen und stellen Sie sich die Farbe Blau vor.

- ⮕ Ein Blau wie der Himmel an einem strahlenden Frühlingstag.
- ⮕ Oder ein tiefes, dunkles Blau, wie weit draußen im Ozean.
- ⮕ Oder ein karibisches Türkisblau von seichtem Meereswasser.
- ⮕ Oder das Blau der blauen Stunde nach Sonnenuntergang.

Tauchen Sie in Ihrer Vorstellung tief ein in die Farbe und erlauben Sie sich, sich für einen Moment lang ganz darin zu verlieren.

Einen Weisen um Rat fragen

Eine ausweglose Situation oder eine schwierige Entscheidung kann einem regelrecht die Luft zum Atmen nehmen. Um hier etwas Klarheit zu bekommen, gibt es eine hilfreiche Mentalübung: Suchen Sie einen Weisen auf und bitten Sie ihn oder sie um Rat. Wo es diesen Weisen gibt? In Ihnen selbst!

Schließen Sie die Augen und gehen Sie in sich. Suchen Sie dort nach einer Tür oder einer Lichtung im Wald, einer Hütte oder irgendeinem anderen Ort, an dem Ihr ganz persönlicher Weiser auf Sie wartet. Lassen Sie sich darauf ein, Sie werden ihn oder sie ganz sicher finden.

Ist Ihr Weiser ein alter Mann oder eine Frau? Ist es vielleicht ein Tier oder ein Fabelwesen? Wenn Sie Ihren Weisen gefunden haben, können Sie Ihre Frage stellen und werden eine Antwort erhalten.

Nehmen Sie diese Antwort, so rätselhaft sie vielleicht auch ist, mit in Ihren Alltag und lassen Sie sich von ihr inspirieren.

7

TIPP 8

Genießen Sie kleine Fluchten

In Gedanken können wir uns überall hindenken, aber manchmal braucht es auch tatsächlich einen Ortswechsel, z.B. um Abstand zu gewinnen, um auf neue Gedanken zu kommen, oder auch, um frische Luft zu amten.

Der Klassiker für eine solche Atempause ist ein Kurzurlaub: übers Wochenende ans Meer, und vieles wirkt schon wieder ganz anders.

Wenn ein solcher Kurzurlaub nicht möglich ist, dann gibt es noch zahlreiche andere Ideen, wie z.B. diese hier:

Markt der Sinne

Gehen Sie einmal auf einen Wochenmarkt, und zwar nicht um Ihre wöchentlichen Einkäufe zu erledigen, sondern für eine Entdeckungsreise mit allen Sinnen:

Genau hinschauen – Farben, Formen, Muster.

Genau hinhören – Stimmen, Geräusche, Gespräche.

8

Genau hinriechen – Obstdüfte, Blumen, Kräuter, Gewürze.

Genau hinschmecken – mal hier und mal dort eine Köstlichkeit zu sich nehmen.

Genau hinfühlen – die Oberfläche eines Kürbisses, die Wolle der Schafssocken, das Wetter an diesem Tag.

Einen Sonnenuntergang genießen

Im Urlaub können wir uns meist kaum sattsehen an den schönen Sonnenuntergängen, zu Hause aber achtet kaum jemand auf die untergehende Sonne. Dabei ist sie hier genauso schön!

Nehmen Sie sich hin und wieder die Zeit, auch daheim zu einem Ort zu fahren, an dem Sie die Sonne sinken sehen können. Lassen Sie sich mit derselben Muße wie auch in den Ferien auf den Sonnenuntergang ein, und saugen Sie die Farben und die Stimmung ganz in sich ein. Fahren Sie dann mit dem wohltuenden Wissen nach Hause, dass sie auch morgen wieder für uns aufgeht.

8

Wasser erleben

Wasser hat etwas Beruhigendes und Belebendes zugleich – wir können es gezielt aufsuchen, um wieder zu uns zu kommen.

Vielleicht finden Sie einen Fluss, einen See oder einen Teich in Ihrer Nähe, zu dem Sie laufen oder fahren können. Nehmen Sie sich etwas Zeit, um für eine Weile einfach nur aufs Wasser zu schauen. Die Gedanken dürfen schweifen, die Seele darf zur Ruhe kommen. Werfen Sie dann vielleicht einen Stein ins Wasser und schauen Sie zu, wie er Kreise auf der Oberfläche zieht.

Am Meer können Sie dort die eigene Atmung mit den Wellen abstimmen und die salzige Luft tief in sich einsaugen.

Und wenn Sie gerade nicht wegkommen, können Sie auch den Regentropfen an der Scheibe zuschauen, wie sie ihre Bahnen ziehen, oder beobachten, wie sich die Sonne in einer Pfütze bricht oder wie Tautopfen auf Blättern glitzern.

8

Tourist in der eigenen Stadt

Wetten, dass Sie auch Ihre eigene Stadt oder Region mit ganz neuen Augen sehen lernen können?

Machen Sie z.B. mal eine Stadtrundfahrt, eine Stadtführung oder eine Schiffstour oder erkunden Sie eine Umgebung, in der Sie bisher noch nicht oft waren. Laufen Sie durch Stadtteile oder Landschaften, die Sie noch nicht kennen, oder erfahren Sie sich mit dem Fahrrad noch unbekannte Stellen. Schauen Sie sich alles mit den Augen eines Touristen an, Sie werden sicher staunen, was Sie entdecken.

Reisender für einen Tag

Reservieren Sie sich einen Tag, um eine kleine Reise zu machen. Gehen Sie nach einem stärkenden Frühstück morgens zum Bahnhof und kaufen Sie sich eine Fahrkarte. Wohin? Egal, Hauptsache, man kennt den Ort noch nicht. Vielleicht an einen See oder in die Berge, ans Meer oder in die Stadt? Wählen Sie einen Ort, der sich in nicht viel mehr als zwei Stunden erreichen lässt, damit die Fahrzeit nicht allzu lang wird.

8

Genießen Sie dann schon die Fahrt ganz bewusst: Schauen Sie aus dem Fenster und lassen Sie die Landschaft an sich vorüberziehen. Und freuen Sie sich auf das, was kommt.

Wenn Sie angekommen sind, erkunden Sie den Ort mit offenen Augen und viel Neugier – was gibt es zu sehen, was zu erleben? Treten Sie Ihre Rückreise dann mit all den neuen Eindrücken an und nehmen Sie sich vor, das bald zu wiederholen.

Einen Foto-Vortrag besuchen

In vielen Städten werden immer wieder inspirierende und beeindruckende Foto-Vorträge von Reisenden in alle möglichen Länder angeboten. Solch ein Foto-Vortrag kann wirklich fast wie eine kleine Reise sein! Schauen Sie doch mal, was gerade angeboten wird und welches Land Sie am meisten reizt.

Alternativ können Sie in einer Bibliothek oder Buchhandlung mal in Bildbänden aller Herren Länder stöbern und so zumindest mit den Augen und dem Herzen reisen.

8

Suchen Sie neue Begegnungen

Menschen kennenzulernen kann genauso belebend sein wie eine Reise, denn sie bringen uns neue Impulse.

Schauen Sie doch einmal, wo Sie auf Menschen treffen und mit ihnen sprechen können. Vielleicht gibt es eine Begegnung auf einer Parkbank, auf die Sie sich einlassen möchten, oder Sie lernen jemanden in einem Café kennen? Auch an einer Bushaltestelle oder im Supermarkt kann man mit anderen ins Gespräch kommen. Auf jeden Fall verbinden gemeinsame Interessen, wie z.B. eine Leidenschaft oder ein Engagement, und schaffen eine schöne Basis für neue Bekanntschaften und sogar Freundschaften.

Ein Tapetenwechsel

8

Warum nicht mal mit jemandem für einige Tage die Wohnung tauschen? So kommt man in eine andere Gegend und kann sich vorstellen, man lebt ein völlig anderes Leben!

Ein Ausflug in die Einfachheit

Probieren Sie für einige Tage einmal ein ganz einfaches Leben aus, ohne all das Getöse und Getöne des Alltags.

- Z.B. auf einer einsamen Hütte in den Bergen.
- Oder in einem Zelt.
- Oder vielleicht pilgern Sie.
- Oder Sie verbringen einige Tage in einem Kloster.

Es geht darum, einmal alles hinter sich zu lassen, was das Leben anfüllt – also kein Fernseher, keine Zeitung, keine ablenkenden Aktivitäten, keine Schnellgerichte, keine Technik (ja, das Handy bleibt daheim!). Nur das einfache Leben: einfach eingerichtet, einfach essen, ausgewählte Habseligkeiten. Das ist Sein pur.

8

TIPP 9

Finden Sie frische
Energie durch neue
Tätigkeiten

Der Alltag von vielen Menschen ist durch immer gleiche Aufgaben und immer ähnliche Herausforderungen bestimmt. Wir stehen zur selben Zeit auf, wählen denselben Arbeitsweg, betreten die seit Jahren selbe Arbeitsstelle, kümmern uns wie jeden Tag um unsere Kinder, die Tiere und den Haushalt, kochen wie jeden Tag Essen, versuchen, wie jeden Tag am Abend vor dem Fernseher etwas zu entspannen, und legen uns dann immer dasselbe Bett … – und das tagaus, tagein.

Ein solcher „Und-täglich-grüßt-das-Murmeltier-Alltag" kann zwar ganz bequem sein, entzieht aber vielen Menschen auch die Energie. Die meisten von uns brauchen nämlich auch mal etwas Abwechslung und neue Herausforderungen, um sich selbst und das Leben spüren zu können.

Wann haben Sie sich das letzte Mal auf etwas Neues eingelassen? Auf etwas Unbekanntes? Etwas, das Sie zuvor noch nicht gemacht haben, ja, vielleicht sogar etwas, von dem Sie vorher nicht mal

9

gehört haben? Als Kinder war es für uns ganz normal, ständig dazuzulernen und immer Neues zu entdecken, als Erwachsene hingegen bleiben wir leider viel zu oft beim Bewährten und Altbekannten. Dabei ist die Welt viel zu vielfältig und zu bunt, als dass wir immer nur in denselben Farben malen sollten.

Lassen Sie von den folgenden Anregungen inspirieren:

Seien Sie begeisterungsfähig

Die Fähigkeit, sich für etwas begeistern zu können, ist vielleicht eine der lebendigsten Energien überhaupt. Bewahren Sie sich das oder erobern Sie es sich wieder zurück, indem Sie sich z.B. von anderen Menschen, die etwas von Herzen lieben oder gerne tun, mitreißen lassen. Lassen Sie sich Leidenschaften erklären, suchen Sie sich selbst Dinge, die Sie phantastisch finden, und entdecken Sie, was Ihr Herz klopfen lässt.

Begeistert zu sein, ist eine der schönsten Arten, das Leben zu genießen.

9

Mal wieder zum Anfänger werden

Die meisten Menschen bleiben gerne bei dem, was sie können, denn wer gibt sich schon gerne die Blöße, sich in etwas dumm oder ungeschickt anzustellen? Aber hin und wieder mal die Sicherheit des eigenen Könnens zu verlassen und etwas ganz neu zu beginnen, kann uns viel Freude bereiten, denn Neues zu erlernen, ist so etwas wie ein Abenteuer zu bestehen.

Probieren Sie doch mal eine neue Sportart aus, erlernen Sie eine neue Fertigkeit oder einen Tanz. Erlernen Sie ein Handwerk oder das Spielen eines Musikinstruments. Probieren Sie, unbekannte Rätsel zu lösen, oder lernen Sie ein neues Spiel kennen. Wagen Sie, etwas auszuprobieren, das Sie noch nie zuvor gemacht haben.

Und ganz wichtig: Erlauben Sie sich, Fehler zu machen oder „dumme" Fragen zu stellen.

9

Den Horizont erweitern

Beschäftigen Sie sich immer wieder ganz gezielt mit Dingen, die Sie noch nicht kennen:

Lernen Sie Neues dazu, indem Sie zu Themen recherchieren, in denen Sie sich nicht gut auskennen.

Schlagen Sie immer nach, wenn Sie ein Wort nicht kennen oder nicht wissen, wo ein Land oder eine Stadt liegt.

Besuchen Sie Ausstellungen von Künstlern, die Sie nicht kennen.

Schauen Sie sich Filme und Theaterstücke an, zu denen Sie normalerweise nicht gehen würden.

Hören Sie sich philosophische Gespräche im Radio oder als Hörbuch an.

Leihen Sie sich Bücher zu allen möglichen Themen aus, zu denen Sie bisher noch nichts oder nicht viel wissen.

Blättern Sie in Fachzeitschriften.

Legen Sie sich ein Lexikon auf dem Nachttisch bereit und lesen Sie zum Einschlafen mindestens einen Eintrag über etwas Neues.

Hören Sie nie auf, neugierig zu sein, und bleiben Sie bereit, ständig Neues zu erfahren – daraus ist das Leben gemacht!

9

Über sich hinauswachsen

Noch einen Schritt weiter zu gehen, als etwas Neues auszuprobieren, heißt auch, mal die eigenen Grenzen zu überschreiten. Wagen Sie also hin und wieder etwas, das Sie sich selbst nie zugetraut hätten:

- Einen Kletterpark besuchen und die Höhenangst überwinden.
- Vor einer Gruppe von Menschen eine kleine Rede halten.
- Eine Verantwortung übernehmen.
- In ein Hospiz fahren und sich mit einem Menschen dort unterhalten.
- Jemanden, der einem gefällt, auf der Straße ansprechen.
- Sich für etwas engagieren, was einem wichtig ist.

Es tut gut, seine Grenzen zu erweitern und zu erfahren, was in einem steckt.

9

Ideen sammeln

Richten Sie sich einmal im Monat eine spezielle Stunde ein, in der Sie Ideen sammeln. Wozu ist vollkommen egal, es geht nur darum, so richtig in kreativen Schwung zu kommen.

Sie könnten sich überlegen, was noch erfunden werden sollte, welche Projekte sich anzugehen lohnen würden, wie man die Welt verbessern kann, was man noch erreichen will, zu welchen Themen man ein Buch schreiben könnte, womit man seinen Lieben alles eine Freude machen könnte, welche Geschäftsideen man angehen könnte, welche Bastelarbeiten man sich vornehmen will oder wohin man noch zu reisen Lust hat.

Sammeln Sie unsortiert und ohne zu zensieren alle Ideen, die Ihnen in den Sinn kommen – je verrückter und ausgefallener, desto besser. Eine Sichtung und Bewertung können Sie später machen – das muss aber auch nicht sein, da allein das Sammeln der Ideen Spaß und Freude macht.

9

> **EXTRATIPP:** Das kann auch in einer geselligen Runde eine tolle Sache sein!

Schmieden Sie Pläne

Überlegen Sie einmal, was Sie sich ganz konkret und praktisch vornehmen möchten – für das nächste Jahr, für die nächsten fünf Jahre und auch für die nächsten 20.

Schreiben Sie dazu eine Liste:

- Dinge, die ich noch erleben möchte: …
- Sachen, die ich noch tun möchte: …
- Länder, die ich noch sehen möchte: …
- Erfolge, die ich noch erreichen möchte: …
- Fähigkeiten, die ich noch erlernen möchte: …
- usw.

Und versehen Sie möglichst viele der Punkte mit dem Zeitrahmen, in dem Sie sie umsetzen wollen. Eine Vorstellung von der Zukunft ist wie ein Wegweiser und schenkt Orientierung.

9

TIPP 10

Machen Sie sich selbst Freude

Bereiten Sie Ihren Lieben gerne eine Freude und beschenken Sie sie? Denken Sie sich Überraschungen aus oder überlegen Sie, woran z.B. Ihr Partner oder Ihre Kinder Spaß haben könnten?

Und tun Sie das auch für sich selbst? Wahrscheinlich eher nicht, richtig? Aber genau damit können Sie sich sehr effektiv Ihren Alltag versüßen: sich immer wieder zu überlegen, was Sie sich selbst für eine Freude machen und wie Sie für Spaß und eine Portion Abenteuer in Ihrem Leben sorgen können.

Spüren Sie einen Moment bewusst in sich hinein: Worüber freuen Sie sich? Was lässt Ihr Herz klopfen? Was zaubert Ihnen ein Lächeln aufs Gesicht? Was machen Sie richtig gerne? Was wollten Sie schon immer tun?

Schaffen Sie sich Atempausen im Alltag durch kleine Geschenke, die Sie sich selbst bereiten, z.B. mit den folgenden Ideen:

10

Eine Schatzkiste für schlechte Zeiten

Stellen Sie sich eine kleine Kiste oder einen Karton mit lauter Sachen zum Freuen zusammen:

- ➲ Fotos aus schönen Zeiten,
- ➲ eine CD mit Ihren Lieblingsliedern,
- ➲ ein tröstliches oder lustiges Buch,
- ➲ einen Comic, den Sie immer wieder gerne lesen,
- ➲ ein witziger Film,
- ➲ eine Wärmflasche,
- ➲ eine Tafel Schokolade,
- ➲ irgendetwas, was Sie als Kind besonders mochten,
- ➲ Postkarten mit besonders schönen Motiven,
- ➲ einen Reiseführer von einem Land, das Sie von Herzen lieben oder in das Sie unbedingt noch reisen möchten,
- ➲ eine Muschel, in der das Meeresrauschen zu hören ist,
- ➲ eine Wunderkerze zum Abrennen
- ➲ und was immer Sie noch lächeln lässt.

Halten Sie diese Kiste griffbereit für graue Tage und miese Stimmungen – darin zu stöbern wird Sie ganz sicher aufmuntern.

10

Lieblingslisten erstellen

Ein prima Gute-Laune-Macher für zwischendurch: Lieblingslisten erstellen. Indem wir uns ganz bewusst mit dem beschäftigen, was wir mögen, richten wir den Fokus auf die Freuden in unserem Leben – und das tut einfach gut.

Also setzen Sie sich doch gleich mal hin und notieren Sie z.B. Folgendes:

- ⬡ Das, was ich am liebsten mache:
- ⬡ Meine zehn liebsten Bücher:
- ⬡ Was ich am liebsten esse:
- ⬡ Meine Lieblingsfilme:
- ⬡ Die größten Freudenanlässe in meinem Leben:
- ⬡ Meine schönsten Urlaube:
- ⬡ Was ich am liebsten an mir mag:
- ⬡ Meine Lieblingsmenschen:
- ⬡ Und ... und ... und ...

EXTRATIPP: Solche Lieblingslisten lassen sich auch toll mit anderen austauschen – so kommt man oft auf gute Ideen für Sachen, die einem auch selbst Freude machen können.

10

Lachen, bis der Bauch wackelt

Eine der größten Freude, die wir uns machen können: aus vollem Herzen lachen! Suchen und sammeln Sie gezielt Sachen, über die Sie lachen können: lustige Bilder und Cartoons, Bücher, Filme, Witze, Komiker, Comics usw. Und lernen Sie, auch über sich selbst lachen zu können.

Einen Zitatenschatz anlegen

Sätze, Gedanken und Zeilen, die uns berühren, können uns immer wieder neue Freude schenken. Wir können sie sammeln, indem wir uns ein Buch anlegen, in das wir alles notieren, was uns an Zitaten bedeutungsvoll oder inspirierend erscheint:

- ➡ Sätze aus Büchern,
- ➡ Gedichtzeilen,
- ➡ Gedanken,
- ➡ Sprichwörter,
- ➡ Redewendungen,
- ➡ Sätze von jemandem, der mit uns redet,
- ➡ eigene Einfälle.

Über die Zeit entsteht so eine ständige Quelle der Anregung.

> **TIPP:** Illustrieren Sie Ihre Zitate mit Zeichnungen, Fotos oder Bildern aus Zeitschriften. Das macht Ihr Inspirationsbüchlein noch lebendiger.

Mal wieder Kind sein

Nicht kindisch, aber kindlich sein: Ein Kirschkern-Weitspucken veranstalten, ein Überraschungsei auspacken, Seifenblasen in den Himmel schicken, einen Drachen steigen lassen, einen Lolli lutschen oder Kaugummiblasen machen, Ziegen im Streichelzoo füttern, eine Wasserrutsche runterrutschen, im Frühling mit bunten Gummistiefeln durch die Pfützen stapfen, im Sommer unterm Rasensprenger duschen, im Herbst durch das Laub waten, im Winter rodeln gehen – suchen Sie sich immer wieder mal kindliche Vergnügen und haben Sie richtig Spaß dabei. Denn: In uns ist immer noch ein Teil des Kindes, das wir einmal waren.

10

Wolkenbilder

Als Kind schauten die meisten von uns häufig in die Wolken, um dort Tiere, Gesichter oder Figuren zu entdecken. Ein Spiel, das auch als Erwachsener Freude macht – als kleine Auszeit und als Extraportion kreative Entspannung.

Heben Sie einfach öfter den Kopf und schauen Sie, was sich alles in den Wolkenbergen entdecken lässt. Und sollte da mal nichts zu finden sein, können Sie sich einfach vorstellen, ein Stück auf einer Wolke mitzureisen und die Welt von oben zu sehen.

Schaukeln, so hoch es geht

Und noch eine kindliche Freude: Es gibt kaum ein Kind, das nicht gerne schaukelt – warum soll es Erwachsenen da anders gehen?

Suchen Sie sich eine Schaukel und schwingen Sie sich aus Herzenslust empor. In Ihrer Vorstellung kann das immer höher und höher gehen – bis hinauf in das Blau des Himmels.

Wer es ruhiger mag, wählt eine Hängematte

10

und lässt sich sanft wiegen – am besten unter einem Laubbaum, dessen Blätter sanft im Wind rascheln. Genießen Sie das Gefühl, getragen und gewogen zu werden.

Eine Reise zu den Sternen

Es gibt nicht vieles, was mehr beeindruckt als die unendlichen Weiten des Weltalls. Das Sternenzelt über uns öffnet das Bewusstsein für die Größe der Schöpfung und setzt vieles wieder in die richtige Perspektive. Leider kann man in den Städten wegen der Beleuchtung die Sterne oft gar nicht sehen. Deshalb lohnt es sich, an einem wolkenfreien Abend mal ein Stück hinauszufahren. Im Sommer kann man sich auf eine Wiese legen und die Sternenpracht auf sich wirken lassen. Vielleicht haben Sie sogar die Möglichkeit, einmal unter freiem Himmel zu schlafen? Und im Winter bewundern Sie eben dick eingemummelt das Funkeln in der Nacht. Kennen Sie Sternbilder? Dann suchen Sie diese. Und stellen Sie sich vor, Sie können dort hinauffliegen und all die Sterne besuchen. Welche Namen würden Sie Ihnen geben?

ALTERNATIVTIPP: Besuchen Sie ein Planetarium und tauchen Sie dort ein in die unendlichen Welten des Alls.

Ein Arm voller Blumen

Viel schöner, als Blumen in einem Laden zu kaufen, ist es, sie von einem Feld zu pflücken. In vielen Gegenden gibt es diese Möglichkeit. Dort kann man für relativ wenig Geld in Blumen schwelgen.

Fahren Sie doch einmal zu einem solchen Selbstpflückfeld und nehmen Sie sich ganz bewusst die Zeit, die Blumen gebührend zu bewundern und sich dann nach Herzenslust selbst zu bedienen. Suchen Sie sich die allerschönsten aus – als Geschenk für sich selbst. Nehmen Sie diesen Schatz dann mit nach Hause und stellen Sie den Strauß an einen Platz, wo er Ihnen ständig ins Auge fällt.

Schmetterlingsfreude

Schmetterlinge zaubern den meisten Menschen ein Lächeln aufs Gesicht.

Um im Sommer möglichst viele der zarten Wesen zu sich zu locken, braucht es nur die richtigen Pflanzen, wie z.B. einen Schmetterlingsflieder oder einen großen Lavendelbusch. Pflanzen Sie sich den in den Garten oder in einen Kübel auf dem Balkon. In Schmetterlingskreisen spricht sich das schnell herum, und man kann sich bald an einem zauberhaften Flattertanz erfreuen.

Alternativ kann auch der Besuch eines Schmetterlingshauses der Seele Flügel verleihen.

Farben zum Fließen bringen

Eine kleine Kreativübung, die staunen lässt und Freude macht: Besorgen Sie sich einen Aquarellblock, bei dem die einzelnen Bögen fixiert sind, und einige Aquarellfarben, die Sie besonders gerne mögen. Suchen Sie sich dann zunächst eine von den Farben aus. Befeuchten Sie das erste Blatt mit Wasser und setzen Sie mit einem Pinsel einfach einige Tupfen aufs feuchte Papier. Schauen Sie zu, wie die Farbe sich ihren einzigartigen Weg auf dem Papier sucht. Erleben Sie, was passiert, wenn Sie weitere Punkte mit unterschiedlich viel Wasser und Farbe auf das Papier setzen. Nehmen Sie dann auch noch weitere Farben dazu und experimentieren Sie, welche sich besonders gut miteinander verstehen und welche eher nicht.

Ganz wichtig: Es geht hier nicht darum, ein Bild zu malen, deshalb ist das Ergebnis auch vollkommen unwichtig. Wenn am Ende alles nur noch ein wildbrauner Mischmasch ist, ist das nicht schlimm. Entscheidend ist, dass Sie sich für diese Übung auf die Farben einlassen, auf ihr Fließen und auf das, was auf dem Papier passiert, wenn die Farben ihren ganz eigenen Weg suchen.

Mit den Fingern malen

Fingerfarben schenken nicht nur Kindern ein kreatives Erlebnis der besonderen Art. Das direkte Auftragen der Farbe mit den Händen sorgt für Ursprünglichkeit und fördert das sinnliche Erleben. Drücken Sie sich also – bitte ohne großen Anspruch auf Kunst – einfach nach Herzenslust mit Farben aus – direkt vom Gefühl mit der Hand aufs Papier.

EXTRATIPP: Und wer Lust auf etwas Neues hat, probiert es auch mit den Füßen und wird staunen, was dabei herauskommen kann.

Sich in Tönen ausdrücken

Auch wenn Sie kein Musikinstrument spielen können, die Musik gibt jedem von uns ganz wundervolle Möglichkeiten, sich auszudrücken.

Probieren Sie einmal fernab von Noten, Rhythmen und Takt einfach Klänge und Töne aus. Fühlen Sie ihnen nach und lassen Sie sich ganz auf sie ein. Das geht mit Instrumenten, aber auch mit allem, was Geräusche macht. Und natürlich mit der eigenen Stimme.

Genießen, was ist

Vielleicht eines der schönsten Geschenke an uns selbst: ganz bewusst dankbar zu sein. Machen Sie sich einmal klar, was Sie alles haben, was alles gut läuft, was alles schön ist um Sie herum. Nehmen Sie wahr, wie viele Anlässe für kleine und große Freudenmomente es in Ihrem Leben gibt.

Schreiben Sie eine Liste von all dem, für das Sie dankbar sind, oder beginnen Sie ein Tagebuch, in dem Sie notieren, worüber Sie sich freuen. Sie werden vielleicht staunen, wie sehr das Ihr Leben verändern wird.